김만덕

김만덕

공지희 글 장차현실 그림

비룡소

1739년 제주도에서 한 여자아이가 태어났어요.
아버지 김응렬과 어머니 고 씨는 예쁜 딸의 이름을 '만덕'이라고 지어 주었어요.

만덕이의 아버지는 배를 타고 제주 섬과 육지를 오가며 장사를 하는 상인이었어요.

만덕이가 열한 살 때였어요. 만덕이는 장사 놀이를 즐겨 했어요. 조개껍데기하고 물풀 같은 것들을 늘어놓고 아버지를 흉내 내어 흥정을 하기도 했지요.

"이 미역은 얼마예요?"

"한 냥이에요."

"그럼 이 해삼이랑 같은 값이네요?"

"서로 맞바꿀까요?"

"좋아요. 그런데 이 해삼이 자기 동무랑 딱 붙어서 안 떨어지네요. 히히."

"아유, 그럼 이 미역도 말미잘 하나 동무해서 데리고 가세요."

"아, 그럼 되겠네요!"

만덕이는 동무들과 갯가에 앉아 신나게 놀다가도 바다만 보면 히죽히죽 웃음이 나왔어요.
　"만덕아, 너 혼자 뭐가 그리 좋아서 자꾸 웃니?"
　"우리 아버지가 이번에 육지에서 장사하고 돌아오실 때, 내 치마저고리 만들 옷감을 사다 주신댔거든."
　"이야, 만덕이는 좋겠다."
　만덕이는 맘껏 으스대고 싶었지만 꾹 참았어요. 새 옷은커녕 헌 옷도 제대로 못 입는 친구들이 많았으니까요.

만덕이는 친구들에게 괜히 미안한 마음이 들어 큰소리를 쳤어요.
 "이담에 크면 나도 우리 아버지처럼 장사를 할 거야. 그럼 너희한테 맛난 엿도 사 주고 옷감도 사 줄게."
 "와, 정말이지? 만덕이 최고야!"
 '장사꾼이 되면 꼭 바다 건너 세상에 가 봐야지!'
 만덕이는 먼 바다 너머를 하염없이 바라보며 마음을 다졌어요.

집에 돌아오자 어머니가 걱정스러운 얼굴로 바다를 바라보고 있었어요.
"바람이 많이도 분다."
먼 하늘에서 먹장구름들이 바다를 덮어 버릴 것처럼 무섭게 가라앉고 있었어요. 어머니는 바다를 향해 고개를 조아리고 손바닥을 비비며 빌었어요.
만덕이도 어머니 옆에서 두 손을 모았어요.
"우리 아버지, 꼭 무사히 돌아오게 해 주세요."

하지만 파도는 점점 험해졌어요. 만덕이의 아버지가 탄 배는 높은 파도에 휩쓸려 바닷속으로 가라앉고 말았지요. 아버지는 영영 만덕이와 가족들 곁으로 돌아오지 못했어요.

그 일이 있은 지 일 년이 채 안 되어 어머니가 병으로 돌아가셨어요. 바닷가 언덕 위 만덕이네 집에는 만덕이와 어린 동생 만재만이 남았지요.

다시 안길 수 없는 아버지와 어머니의 품을 생각하면 하염없이 눈물이 흘렀어요. 하지만 만덕이는 어린 동생을 보살펴 가며 꿋꿋하게 살았어요.

집에 먹을 것이 떨어지자 만덕이는 일자리를 찾아 여기저기를 돌아다녔어요.

"저에게 일을 시켜 주세요."

하지만 어린 만덕이에게 일을 주는 사람은 없었어요.

매서운 겨울바람에 눈보라까지 치던 날. 장터 국밥집 가마솥에서 뜨거운 국이 푹푹 끓고 있었어요. 만덕이와 만재는 가마솥에서 피어오르는 비릿한 김에 코를 바짝 대고 냄새를 맡았어요.
　　"아이고, 애들이 누구야? 만덕이랑 만재 아니냐?"
　　마을 사람들이 깜짝 놀라 말했어요.
　　"그간 우리가 너무 무심했구나. 아무리 힘들다지만 어린것들이 굶어 죽게 내버려 둘 수는 없지."
　　이웃 사람들은 만덕이와 만재에게 먹을 것을 나누어 주었어요. 제때 끼니 잇기도 어려운 사람들이 나누어 준 음식으로는 허기를 달래기도 부족했지만, 만덕이는 동생에게 죽 한 그릇이라도 먹일 수 있어 다행이라고 생각했어요.

하지만 가난한 사람들에게 먹을 것을 나누는 것은 쉬운 일이 아니었어요.
"우리 먹을 것도 없는데 만덕이네 줄 게 어딨어?"
"부모도 없는 애들이에요. 우리가 안 거두면 굶어 죽는다고요. 우리가 배고픈 거 조금만 참으면 그 애들을 살릴 수 있어요."
그럴 때마다 만덕이는 눈물을 흘리면서 다짐했어요.
'이 고마움을 잊으면 안 돼. 절대……'

점점 형편이 여의치 않아지자 이웃 어른들은 만재를 다른 집에 보내기로 했어요. 만덕이도 관기(궁중이나 관청에 속해 노래하고 춤추고 악기를 연주하던 기생)인 월중선의 수양딸로 보내졌지요.

이제 만덕이는 더는 배고픔에 시달리지 않아도 되었어요. 하지만 그동안 겪었던 고통과 이웃 사람들에게 받았던 고마운 기억만은 가슴속에 잘 새겨 두었어요.

관기인 수양어머니 밑에서 만덕이는 자연스럽게 기녀로 자라났어요.

기녀는 노래하고 춤추고 악기를 연주하면서 양반들을 즐겁게 하는 일을 했어요. 만덕이는 영리하고 재주가 많아서 노래도 춤도 악기 연주도, 뭐든지 가르쳐 주는 대로 잘 배우고 익혔어요.

어느덧 만덕이는 제주에서 으뜸가는 기녀가 되었어요. 많은 사람들이 만덕이가 노래하고 춤추는 것을 보려고 찾아왔어요.

만덕이는 먹을 것이나 입을 것 걱정 없이 살았어요. 절약하며 알뜰하게 돈도 모았지요.

다른 기녀들은 만덕이를 부러워했어요.

"언니는 좋겠어요. 뭐 하나 모자란 것이 없잖아요."

"그렇지 않아. 나는 기녀로 살다 죽고 싶지 않은걸."

"한번 기녀가 됐으면 죽을 때까지 기녀로 살아야지, 별수 있나요."

어느 날 관가의 망루에서 큰 잔치가 벌어졌어요. 커다란 상에 상다리가 휘어질 만큼 음식과 술이 가득 차려졌지요. 만덕이는 양반들 앞에서 한껏 춤사위를 뽐냈어요.

그런데 음식을 먹는 소리, 술잔을 부딪는 소리, 흥에 겨운 노랫가락 소리, 사람들이 웃고 떠드는 소리 가운데 만덕이의 귀를 파고드는 소리가 있었어요.

"엄마, 배고파. 잉잉."

관가 담장 너머에서 아이의 울음소리가 들렸어요. 아이를 달래는 기운 없는 엄마의 목소리도 들렸지요. 음식 냄새를 맡고 저도 모르게 이쪽으로 발걸음을 옮긴 사람들 같았어요.

관가 바깥은 온통 굶주리는 사람들 천지였어요. 만덕이는 그런 사람들을 볼 때마다 조금이라도 먹을 것을 사 주었어요. 잔치가 끝난 뒤 남은 음식을 싸서 몰래 담장 너머로 내보내기도 했어요. 동생과 장터 국밥집 앞에 쪼그려 앉아 있던 어린 시절이 생각났기 때문이었어요.

"잘한다! 역시 김만덕이 최고야."

양반들이 만덕이의 춤에 박수를 보냈어요. 하지만 만덕이는 다른 생각을 하고 있었어요.

'양반들을 즐겁게 하는 일이 진정 내가 할 일일까? 가난하고 굶주린 사람들을 위해 할 수 있는 일은 없을까?'

만덕이는 슬플 때나 기쁠 때나 바닷가를 찾았어요. 바닷가에 서면 어린 시절 생각, 보고 싶은 부모님 생각, 앞으로의 인생에 대한 생각으로 마음이 술렁였어요.

바닷가 포구로 막 들어온 배에는 제주 사람들이 기다리는 육지 물건들이 가득했어요. 제주를 떠나는 배에는 육지 사람들에게 가져다 팔 물건들이 가득 실려 있었지요. 그 광경을 보던 만덕이는 문득 어릴 때 했던 생각이 떠올랐어요.

"그래, 장사를 하는 거야. 어릴 때 나는 상인이 되는 게 꿈이었잖아. 장사를 해서 돈을 벌면 배고픈 사람들을 도울 수 있을 거야."

만덕이는 어릴 적 꿈이 다시 부풀어 오르는 것을 느꼈어요.

상인이 되기로 결심한 만덕이는 관기들을 관리하는 사람을 찾아갔어요.

"관기를 그만두고 싶습니다. 제가 하고 싶은 일은 장사입니다."

관기를 관리하는 사람은 만덕이를 비웃었어요.

"너는 기녀야. 기녀는 기녀로 살아야지, 장사꾼이 될 수는 없다. 게다가 여자가 장사를 하다니, 지금까지 여자 상인이 있다는 얘기는 한 번도 들어 본 적이 없어. 정신 차려라."

하지만 만덕이는 포기하지 않고 제주를 다스리는 가장 높은 사람인 목사를 찾아갔어요.

"관기의 신분에서 벗어나고 싶습니다."

목사는 깜짝 놀랐어요.

조선 시대에는 누구나 날 때부터 정해진 신분대로 평생을 살아야 했어요. 아무도 신분을 맘대로 바꿀 수 없었지요. 더군다나 관가에 속한 기녀는 나라의 재산으로 취급받던 신분이었어요. 천한 신분을 타고난 사람들은 아무리 재능이 있고 열심히 노력해도 높은 신분이 될 수 없었어요.

만덕이는 목사의 반응에도 개의치 않고 또박또박 이유를 설명했어요.

"저는 본디 양민 김응렬의 자식으로 태어났습니다. 어린 나이에 부모님이 돌아가셔서 어쩔 수 없이 관기의 수양딸이 되었으나 본래는 양민입니다. 이제 본래의 신분으로 돌아가고자 하니 부디 허락해 주시기 바랍니다."

목사는 만덕이를 설득했어요.

"관기가 신분은 천하지만, 어지간한 양민들보다 배불리 먹고 편히 살 수 있지 않느냐? 왜 굳이 양민이 되어서 고생길로 접어들려고 하는 게냐? 여자 혼자 몸으로 뭘 해서 먹고살려고? 양민이 되자마자 배가 고파 후회할 것이다."

목사뿐 아니라 주위 사람들 모두 만덕이를 말렸어요. 기녀는 나라에서 먹을 것이며 입을 것을 보살펴 주었지만, 양민들은 늘 먹고사는 일이 걱정이었거든요. 웬만한 부자가 아니고는 제대로 된 밥 세끼 먹고 사는 사람이 드물던 때였어요.

하지만 만덕이는 목사의 말에도 흔들리지 않았어요.
"저는 따로 하고 싶은 일이 있습니다. 장사를 해서 큰 상인이 될 것입니다."
그 자리에 있던 사람들은 만덕이를 비웃었어요.
"뭐? 장사를 하겠다고? 만덕아, 네가 여자인 걸 잊었느냐? 여자가 무슨 장사를 한다고 그러느냐?"

"여자가 장사를 하는 것이 법으로 금지된 일은 아닙니다. 다만 기녀의 신분으로는 장사를 할 수 없으니 양민의 신분을 되찾겠다는 것입니다."

"철없는 소리 그만하고 돌아가거라."

목사는 더는 만덕이의 말을 들으려 하지 않았어요.

하지만 만덕이는 몇 날 며칠을 그 자리에서 꼼짝도 하지 않았어요. 죽음을 각오한 만덕이의 행동에 목사도 마음을 바꾸었어요.

"고집이 대단하구나. 꼭 그렇게 해야겠느냐?"

"저는 하고 싶은 일을 하면서 살고 싶을 뿐입니다."

만덕이는 쓰러질 것 같았지만 또박또박 말했어요.

"그래, 네가 이겼다. 하기야 원래 양민인 아이가 기녀의 수양딸이 되었다고 무조건 관기로 만든 것부터 잘한 일은 아니지. 김만덕, 너는 이제부터 다시 양민이다."

"감사합니다. 온 힘을 다해 좋은 상인이 되겠습니다."

만덕이는 기녀일 때 입던 화려하고 고운 비단옷을 벗고 뻣뻣하고 수수한 무명 치마저고리로 갈아입었어요. 화장을 지우고 노리개도 내려놓았지요.

만덕이의 친척과 친구들은 만덕이가 다른 여자들처럼 살기를 바랐어요.

남동생 만재는 만덕이에게 결혼할 것을 권했어요.

"이제 누님도 결혼해서 자식도 낳고 남들처럼 살아 보셔야지요."

"만재야, 나는 장사를 하려고 양민이 된 거야."

"장사요? 여자는 배도 탈 수 없고 섬 바깥으로 나갈 수도 없는데 어떻게 장사를 하신다는 거예요?"

그 시절의 제주 여자들은 배를 타거나 섬 바깥으로 나가는 것이 법으로 엄격하게 금지되어 있었어요.

"나는 여자지만 누구보다 장사를 잘할 자신이 있어. 육지에 나가지 않고 장사할 수 있는 방법을 찾아보자꾸나."

만재는 누이가 누구보다 용감하고 굳세어 보였어요.

"저도 도울게요, 누님."

"고맙다. 우리 열심히 해서 좋은 상인이 되자."

김만덕은 바닷가에 작은 객주를 차려 일상생활에 필요한 물건들과 먹을거리들을 가져다 팔기 시작했어요.

객주에 드나드는 사람들과 이런저런 이야기를 나누다 보면 절로 장사 공부가 되었어요. 오랫동안 장사를 해 온 상인들에게는 물건을 사고파는 법을 배웠고, 물건을 팔러 온 육지 사람들에게는 바깥세상이 어떻게 돌아가는지를 들었어요. 또 물건을 사러 오는 사람들에게는 그들이 필요로 하는 물건이 무엇인지를 물어 머릿속에 잘 새겨 두었지요.

김만덕에게는 장사를 할 때 반드시 지키는 원칙이 몇 가지 있었어요. 되도록 좋은 물건을 구해 팔고, 중간 이윤을 조금만 붙이는 대신 물건을 많이 팔아 이문을 남기는 것이었지요.

만재는 김만덕의 장사 방법에 불만이 많았어요.

"좋은 물건을 비싼 돈을 주고 사 왔으면 우리도 비싸게 팔아야죠. 이렇게 장사해서 언제 돈을 벌어요?"

김만덕은 동생을 엄하게 꾸짖었어요.

"만재야, 돈을 벌기 위해서 장사를 해서는 안 된다."

"장사꾼이 돈 벌려고 장사를 안 하면 무엇하러 장사를 합니까?"

김만덕은 차분하게 말했어요.

"물건을 팔아 돈을 버는 것이 장사의 전부는 아니야. 돈을 벌 목적으로 장사하는 상인은 오히려 큰돈을 벌기 힘들어. 물건에 적당한 값을 붙이지 않고 무조건 높은 값을 받으려 들기 때문이야. 제값에 미치지 못하는 물건을 산 사람은 절대 그 객주를 다시 찾지 않겠지. 진정한 상인은 사람들이 필요로 하는 것이 무엇인지를 알고, 그것을 쉽게 구할 수 있도록 도와주는 사람이야."

만재와 객주의 일꾼들은 김만덕의 말에 가만히 고개를 끄덕였어요.

"장사는 사람들에게 봉사하는 일이라고 생각하면서 해야 한다."

　김만덕의 객주를 찾는 사람들은 점점 많아졌어요. 믿을 수 있는 물건을 다른 객주에 비해 싼값에 살 수 있었기 때문이지요.
　장사가 잘되자 김만덕을 시기하는 사람들도 생겼어요. 어느 날, 제주에서 크게 장사를 하는 한 상인이 김만덕의 장사를 망치려고 훼방꾼들을 보냈어요.

"계집이 장사를 한다고? 세상 꼴 잘 돌아간다."

갑자기 들이닥친 훼방꾼들은 객주의 물건들을 후려치고 험상궂은 얼굴로 손님들을 을렀어요.

"계집이 장사하는 데 드나드는 것들, 어디 얼굴 좀 보자. 나중에 가만 안 둘 테니까."

김만덕의 객주에서 물건을 사던 사람들은 훼방꾼들을 피해 슬슬 달아났어요.

훼방꾼들은 김만덕의 객주에 들러붙어서 손님들이 나타날 때마다 겁을 주고 협박했어요. 얼마 안 있어 김만덕의 객주에는 사람이 얼씬도 하지 않게 되었지요.

동생 만재는 겁에 질려 한탄했어요.

"누이가 여자라고 얕보고 이렇게 행패를 부리다니……."

하지만 김만덕은 훼방꾼들에게 겁을 먹지도, 얼굴을 찡그리지도 않았어요. 그저 침착하게 문제를 해결할 방법을 생각했지요.

며칠 후 김만덕은 객주에 버티고 있는 훼방꾼들을 불러 모아 말했어요.

"우리 객주를 이렇게 날마다 지켜 주어서 고맙습니다. 보답으로 음식을 준비했으니 많이들 들어요."

훼방꾼들 앞에는 상다리가 휘어질 만큼 맛있고 귀한 음식들이 가득 차려져 있었어요. 살기등등하게 김만덕을 노려보던 훼방꾼들은 눈이 휘둥그레졌어요.

"우리가 미울 텐데 왜 이런 대접을 하는 거요?"

"밉지 않아요. 자식들하고 먹고살려면 무슨 일이든 마다 않고 해야 하는 딱한 입장인 걸 다 아는걸요."

김만덕의 말에 훼방꾼들의 마음이 스르르 녹았어요.

김만덕은 엉거주춤 어쩔 줄 모르는 훼방꾼들을 상 앞으로 끌어다 앉히고는 숟가락을 손에 쥐어 주었어요.

훼방꾼들은 미안한 마음과 고마운 마음에 잠시 주저하다가 허겁지겁 음식을 먹기 시작했어요. 얼마나 맛있는지 입에서 살살 녹고 목구멍으로 술술 넘어갔어요.

김만덕은 조심스럽게 물었어요.

"우리 객주에 사람들이 필요한데, 당신들이 와서 일을 하면 어떻겠습니까?"

"네? 일을 하라고요?"

"일한 대가는 후하게 드리겠습니다."

훼방꾼들은 감격해서 제대로 말을 잇지 못했어요.
"원수 같은 우리에게 일자리를 주다니……. 당신은 정말 대단한 사람입니다. 그동안 우리가 한 짓을 용서해 주세요. 이 한 몸 바쳐서 열심히 일하겠습니다."
김만덕은 훼방꾼들의 손을 잡고 말했어요.
"제주에서 살기 참 힘들지요. 제주 사람들이 잘살 수 있게 우리 모두 열심히 일하며 제주를 지켜 나갑시다."

김만덕의 객주는 다시 사람들로 북적였어요. 물건을 사려는 사람뿐 아니라 팔려는 사람도 많이 찾아왔지요.

육지에서 물건을 가져다 제주에 파는 상인들은 김만덕의 객주에 서로 좋은 물건을 갖다주려고 했어요. 김만덕의 객주에서는 다른 객주보다 물건을 훨씬 많이 팔 수 있었거든요. 또 물건값도 후하게 쳐주었고 계산이 밀리는 일도 없었지요.

날이 갈수록 객주가 잘되자 만재는 싱글벙글했어요.
"누님은 정말 타고난 상인이에요."
김만덕은 조용히 고개를 저으며 말했어요.
"여기가 끝이 아니야. 나는 제주에서 가장 큰 상인이 되고 싶단다."

 김만덕은 큰 부자가 되었지만 언제나 공부하는 자세를 잃지 않았어요. 바다를 보며 혼자 깊은 생각에 잠기기도 하고, 마을을 돌아다니며 사람들과 이야기도 나누었지요. 객주 사람들과 장사에 대한 의논도 자주 했어요.
 "제주 사람들에게 꼭 필요한데, 제주 안에서는 구하기 어려운 게 뭐가 있을까?"
 "그야 쌀이며 보리 같은 곡식들이죠."
 화산으로 만들어진 섬인 제주는 농사짓기가 어려워서 곡식이 귀했어요.

"소금도 없어서는 안 되잖아."

소금은 된장과 간장을 담그고, 김장을 하고, 생선을 절이는 데 꼭 필요했어요. 하지만 제주 바다는 암초와 너울이 많고 갯벌이 없었기 때문에 소금을 만들 수가 없었어요.

"옷감도 필요해요."

김만덕은 가만히 고개를 끄덕였어요. 그러고는 육지에서 곡식과 소금, 옷감들을 사다가 제주 사람들에게 싼값에 팔았어요.

반대로 김만덕은 제주에서 나는 물건들을 육지로 싣고 나가 팔기도 했어요.

"제주에서만 나는 게 뭐가 있을까?"

"해산물들이 있죠."

"그래, 전복 같은 해산물을 육지에 가져가면 좋아할 거야. 원래 제주 전복은 임금님께 바치던 거잖아."

"어디 해산물뿐이야? 우리 제주 한라산 절반이 말이야. 말총(말의 꼬리털)은 갓이나 망건(상투를 뜬 사람이 머리카락이 흘러내리지 않게 머리에 두르는 물건) 등을 만드는 데 쓰이니까 육지에 내다 팔면 분명 인기가 높을 거야."

"귤도 있잖아. 한라산에서 나는 약재들도 있고."

김만덕은 여자들을 대상으로 하는 장사도 놓치지 않았어요. 예전에 관가에서 알고 지내던 기녀들을 단골 삼아 장신구나 보석, 노리개, 화장품 같은 것들을 판 거예요.

사람들이 무엇을 필요로 할까, 무엇을 좋아할까, 무엇이 새로울까. 김만덕의 머릿속에는 늘 좋은 상인이 되려는 생각이 가득했어요.

김만덕은 어느새 제주에서 몇 손가락 안에 드는 커다란 객주의 주인이 되었어요. 하지만 객주를 처음 열었을 때처럼 겸손한 자세로 장사의 원칙을 지켰어요. 검소한 생활도 변하지 않았지요.

김만덕은 늘 입버릇처럼 말했어요.

"풍년에는 흉년을 생각하여 절약해야 한다. 편히 살 수 있는 사람은 하늘의 은혜에 감사하며 어렵게 사는 사람을 생각해서 검소하게 생활해야 한다."

　김만덕이 쉰네 살 때, 제주에 큰 흉년이 들었어요. 흉년은 사 년간이나 계속되었어요.

　원래 제주는 농사짓기에 좋은 땅이 아니어서 여분으로 남겨 둔 식량이 별로 없었어요. 한 해 두 해 흉년이 이어지자 제주에서는 먹을 것을 찾기가 어려워졌어요.

　사람들은 입만 열면 "배고파." 소리부터 했어요. 굶어서 바싹 야윈 아이들은 뛰어놀 기운도 없어, 집 앞 담벼락에 기대앉아 부모가 먹을 것을 가져다주기만 기다렸어요.

제주 백성들의 이야기를 들은 정조 임금은 무척 가슴 아파하며 곡식을 보내 주었어요.
"곡식을 보내서 제주 백성들을 살려라."
정조 임금이 제주로 곡식을 가득 실은 배를 보냈다는 얘기를 들은 제주 사람들은 얼싸안고 감사의 눈물을 흘렸어요. 모두들 바닷가로 몰려나와 배가 도착하기만을 기다렸지요.

그런데 갑자기 바다에 폭풍우가 치기 시작했어요. 집채만 한 파도 위를 아슬아슬하게 떠다니던 배는 결국 뒤집혀 바닷속으로 가라앉고 말았지요.

제주 사람들은 땅에 주저앉아 통곡했어요.

"아이고, 하느님도 무심하시지."

"이제 우리 제주 사람들은 다 굶어 죽게 생겼네."

제주 사람들은 다시 나라에서 곡식을 보내 주기를 기다렸어요. 하지만 아무리 기다려도 곡식은 오지 않았어요. 굶주림을 견디지 못한 사람들은 하나둘 쓰러져 갔어요.

김만덕은 제주 이곳저곳을 돌아보았어요. 곳곳에서 배고픈 사람들의 신음 소리가 들려왔어요.

눈물 자국이 얼룩덜룩한 아이들이 앙상하게 마른 손을 내밀며 말했어요.

"먹을 것 좀 주세요."

"배고파 죽겠어요."

굶주림에 허덕이는 사람들의 비참한 모습을 본 김만덕은 집에 돌아오자마자 급히 만재를 불렀어요.

"내 전 재산을 가지고 육지로 가거라. 가서 그 돈을 모두 곡식으로 바꿔 오너라."

만재는 깜짝 놀랐어요.

"곡식을 사다가 파시려고요? 맞아요. 지금 제주에는 곡식이 한 톨도 없으니, 곡식을 사다 팔면 금값을 내고라도 사려고 난리일 거예요."

　만덕은 고개를 설레설레 저었어요.
　"팔 게 아니다. 제주 사람들에게 나누어 줄 생각이야."
　만재가 펄쩍 뛰었어요.
　"누님 전 재산을 다 나누어 준다고요? 그게 얼마나 큰돈인데요."
　"제주 사람들이 굶어 죽고 있어. 내가 이만큼 재산을 모은 것은 모두 그들 덕이니, 그동안 입은 은혜를 갚아야겠다. 나는 돈 많은 상인이 되려고 장사를 했던 게 아니야. 진정한 상인은 세상을 위할 줄 아는 사람이다."

김만덕의 말을 따라 만재는 배를 타고 육지로 나가 곡식 오백 석을 사 왔어요.

김만덕은 그 가운데 십분의 일을 남겨 친척과 은혜를 입은 사람들에게 나누어 주고, 나머지는 관가에 갖다주어 제주 사람들에게 골고루 나누어 주도록 했어요.

"우리의 목숨은 김만덕이 살렸다. 김만덕은 우리 생명의 은인이다."

제주 사람들은 모두 김만덕의 큰 덕을 칭찬했어요.

제주 목사는 정조 임금에게 김만덕이 제주 사람들을 위해 전 재산을 내놓은 일을 알렸어요.

제주에서 몇몇 사람들이 곡식을 내서
백성들에게 나누어 주었습니다.
그 가운데서도 특히 김만덕은 양반도
아니고 양민이면서 여인인데, 곡식을
사서 사백오십 석을 냈으니 지극히 착한
일입니다.

정조 임금은 김만덕의 이야기에 크게 감동했어요.
"참으로 훌륭한 일을 했구나. 내가 상을 주고 싶으니 소원이 무엇인지 물어보고, 어려운 일이더라도 특별히 그 소원을 들어주도록 하라."

정조 임금은 김만덕에게 큰 벼슬을 내리고 싶었지만, 당시에는 여자에게 벼슬을 줄 수가 없었어요. 그래서 김만덕의 소원을 들어주는 것으로 상을 대신하려고 했지요.

그 소식을 들은 제주 사람들은 김만덕이 어떤 소원을 말할지 궁금해했어요.

"대궐 같은 집을 지어 달라고 할까? 아니면 이 세상에서 가장 큰 금덩어리를 달라고 할까? 맛난 것을 실컷 먹게 해 달라고 할지도 몰라!"

"나 같으면 세 가지 다 해 달라고 하겠다. 히히히."

만재도 누이의 소원이 궁금하기는 마찬가지였어요.

"우리 누님 소원은 아무나 생각할 수 있는 게 아닐 거야. 암, 우리 누님이 어떤 사람인데."

마침내 김만덕이 목사에게 소원을 말했어요.

"한양에 가서 임금님이 계시는 궁궐을 우러러보고, 금강산 일만 이천 봉을 구경하는 것이 소원입니다."

김만덕의 소원을 들은 제주 목사는 난처했어요.

당시 나라에서는 제주 백성이 섬 밖으로 나가는 걸 금지하고 있었어요. 제주는 살기가 어려워서 사람들이 육지로 나가면 다시 돌아오지 않는 일이 많았거든요.

그나마 남자들은 일이 있을 때마다 관청의 허락을 받고 육지에 다녀올 수 있었지만, 여자들은 아예 섬 밖으로 한 발자국도 나갈 수 없었어요.

육지 상인들과 숱하게 거래를 하던 김만덕이 단 한 번도 배를 타지 못한 게 바로 그 때문이었지요.

"잘 생각해 보아라. 정말 그게 소원이냐?"

김만덕은 조금도 망설이지 않고 대답했어요.

"네. 평생의 소원은 오직 그것뿐입니다."

김만덕은 어릴 때처럼 바다 너머 세상을 생각하며 가슴이 부풀었어요.

정조 임금은 김만덕의 소원을 흔쾌히 허락했어요.

"먼 길 오는 동안 불편하지 않도록 튼튼한 말을 골라 주고, 들르는 고을마다 각별히 신경 써서 대접하도록 하라."

얼마 후 정조 임금의 명령을 받은 사람들이 제주로 김만덕을 데리러 왔어요. 김만덕의 나이 쉰여덟 살 때였어요.

많은 사람들이 포구로 나와 김만덕에게 잘 다녀오라고 손을 흔들었어요. 김만덕은 사람들의 박수를 받으면서 제주를 떠났어요.

"김만덕 할망 만세! 처음으로 바다를 건너는 제주 여자 김만덕 만세!"

육지를 향한 뱃머리에 서서 김만덕은 감격의 눈물을 흘렸어요.

'내가 하고 싶은 일을 열심히 하면서 살았을 뿐인데, 이렇게 큰 복을 받아도 되는 걸까.'

한양에 올라온 김만덕은 정조 임금에게 벼슬을 받았어요. 양민으로서 임금을 만난 여자는 김만덕이 처음이었지요.

정조 임금은 김만덕을 크게 칭찬했어요.
"수천 명의 굶주린 백성들을 살렸으니 참으로 장한 일을 했다."
정조 임금은 김만덕에게 비단과 장신구를 상으로 주었어요.
김만덕은 한양에서 겨울을 보내고 이듬해 봄에 금강산으로 떠났어요. 정조 임금은 금강산을 오가는 동안 김만덕이 불편하지 않도록 잘 돌봐 주라고 특별히 명령을 내렸지요.

금강산에 도착한 김만덕은 그만 할 말을 잃었어요. 기이하고 신비롭고 아름다운 일만 이천 봉우리가 김만덕을 환영해 주는 것만 같았어요.
 '그토록 보고 싶었던 금강산이 지금 내 눈앞에 있구나.'

제주로 돌아가는 길에도 김만덕은 가는 곳마다 사람들에게 칭찬을 듣고 좋은 대접을 받았어요.
"정말 큰일을 하셨습니다."
그럴 때마다 김만덕은 겸손하게 고개를 숙였어요.
"마땅히 해야 할 일을 했을 뿐입니다."
영의정 채제공은 김만덕이 한 일을 상세히 기록해, 「만덕전」을 써 주기도 했어요.

다시 제주로 돌아온 김만덕은 정직하게 장사하며 어려운 사람들을 돕다가 일흔네 살에 세상을 떠났어요. 제주 사람들은 김만덕의 죽음을 어느 누구의 죽음보다 슬퍼했지요.

살았을 때도 그랬지만 세상을 떠난 후에도 김만덕은 제주 사람들의 큰 자랑거리였어요. 제주 사람들이 모인 자리에서는 김만덕의 이야기가 빠지지 않았지요.

여자의 몸으로 처음 배를 타고 바다를 건넌 사람. 한양에서 멀리 떨어진 제주에 살았어도 임금을 만나 소원을 이룬 놀라운 사람. 그리고 수년간 계속된 흉년으로 굶주린 제주 사람들을 위해 전 재산을 내놓은 제주의 위대한 상인.

지금도 제주에는 김만덕의 이야기를 할 때면 이렇게 말하는 사람들이 있어요.

"만덕 할망이 없었으면 우리 제주 사람들은 어떻게 되었을까?"

♣ 사진으로 보는 김만덕 이야기 ♣

조선 시대의 제주도

오늘날 제주는 한라산, 감귤, 돌하르방으로 대표되는 우리나라 최고의 관광지예요. 하지만 조선 시대까지만 해도 제주는 죄인들을 귀양

오늘날 제주도는 우리나라의 대표적인 관광지예요.

보내는 유배의 땅이었어요. 척박한 자연환경에 자연재해까지 끊이지 않아 사람이 살기 힘들었기 때문이지요.

돌 많고 바람 많은 화산섬 제주에는 쌀농사를 지을 만한 땅이 거의 없었어요. 제주 사람들은 쌀 대신 보리나 조 농사를 지었어

추사체로 유명한 조선 후기의 문신 김정희는 1840년부터 구 년 동안 제주도에서 귀양살이를 했어요. 김정희는 김만덕의 이야기를 듣고는 '은광연세(은혜의 빛이 온 세상에 비친다.)'라는 글씨를 써서 김만덕의 후손들에게 보내기도 했어요.

요. 하지만 보리 수확 때마다 불어 닥치는 태풍 때문에 양이 충분하지 않았지요.

해일 피해도 잦았어요. 하루아침에 마을 하나를 통째로 집어삼킬 만큼 무시무시한 해일이 자주 제주를 덮쳤어요.

견디다 못한 사람들은 하나둘 제주를 떠나 육지로 갔어요.

16세기 무렵에는 제주를 떠나 남해 쪽에 자리를 잡은 제주 사람이 만여 명이나 되었지요.

그러자 나라에서는 제주 사람들이 육지로 나가는 것을 금지했어요. 제주에서 육지로 나가는 배들은 모두 '출선기'라는 허가서를 받아야 했어요. 관의 허락을 받지 않고는 단 한 발자국도 제주 밖으로 나갈 수 없었지요. 극심한 흉년이 들어도 제주 사람들은 형편이 나은 지역으로 옮길 수조차 없었어요. 김만덕이 지금까지도 제주 사람들의 존경을 받는 것은 그렇게 고립된 제주 사람들을 구했기 때문이에요.

제주 백성을 구한 김만덕

1792년부터 사 년간 제주에는 최악의 흉년이 들었어요. 매년 수천 명의 사람들이 굶주림으로 죽었고, 1794년부터 1795년 사이에는 무려 제주 백성의 삼분의 일이 목숨을 잃었어요.

제주시 건입동에 있는 모충사에는 김만덕의 묘와 김만덕 기념관이 있어요. 이 기념관에는 김만덕의 일대기를 그린 그림 등이 전시되어 있지요.

당시 제주 최고의 부자였던 김만덕은 고통 받는 제주 백성들을 그냥 두고 볼 수가 없었어요. 김만덕은 수십 년간 모은 전 재산으로 육지에서 쌀을 구해 왔어요. 그러고는 그 쌀을 관아로 보내 굶주린 백성들에게 나누어 주었지요.

조선 정조 때 영의정을 지낸 채제공은 이 일을 「만덕전」이라는 이야기로 지었어요. 「만덕전」에는 "사람들이 소

왼쪽 사진은 제주 모충사에 있는 「진곡원납도」(위)와 「임금 알현과 금강산도」(아래)예요. 김만덕이 제주를 구하고 임금님을 만나는 장면 등을 그린 것이지요. 오른쪽 사진은 김만덕을 기리는 묘탑이에요.

문을 듣고 관가 뜰에 모여들기를 마치 구름과 같았고, 모두들 '우리를 살려 준 이가 만덕이로다.'라며 만덕의 은혜를 칭송했다."라고 쓰여 있지요.

세상이 인정한 상인, 김만덕

관기를 그만둔 김만덕은 객주를 차려 장사를 시작했어요.

조선 시대에 객주는 다른 지역에서 온 상인들에게 쉴 곳을 제공하고, 물건을 맡아 팔거나 흥정을 붙이는 일을 하는 곳이었지요.

김만덕의 객주에는 관기 시절 알고 지내던 제주 관리들뿐 아니라 육지에서 온 관리들이 많이 드나들었어요. 김만덕은 그들을 통해 육지와 제주에서 필요한 물건들을 파악하고, 정보를 얻었지요.

김만덕은 먼저 쌀과 소금 같은 생필품들을 거래했어요. 쌀과 소금은 살아가는 데 없어서는 안 될 물건이었지만, 제주에서는 구하기가 쉽지 않았어요. 제주는 사면이 바다인데도 갯벌이 없어 소금을 만들 수 없었거든요. 김만덕은 값이 싼 가을에 육지에서 쌀을 넉넉히 사들였다가 봄이 되면 제주 사람들에게 팔았어요.

조선 후기의 화가 김준근이 그린 풍속 화첩, 「기산풍속도첩」에 그려져 있는 객주의 모습이에요. 김만덕의 객주도 비슷한 모습이지 않았을까요?

육지에는 주로 제주에서 나는 특산물들을 내다 팔았어요. 미역, 전복, 오징어 같은 해산물들과 말, 말총 등은 육지에서 큰 인기였어요. 제주 사람들이 육지로 나가기 어려웠던 만큼 육지에서도 제주에서 나는 물건은 구하기가 힘들었기 때문이지요. 바다를 건너면 제주 물건들은 아주 비싼 값에 팔려 나갔어요.

김만덕은 이렇게 제주와 육지의 물건값 차이를 이용해 장사의 규모를 키워 나갔어요. 여자라서 몸은 제주에 묶여 있었지만, 뛰어난 재주로 장사를 시작한 지 삼십여 년 만에 제주 최고의 부자 중 한 사람이 되었지요.

여러 글에 소개된 김만덕

　조선 시대에 양민, 그것도 여자에 대한 기록을 찾기란 거의 불가능한 일이에요. 하지만 김만덕은 『조선왕조실록』, 『승정원일기』 같은 나라의 기록뿐 아니라 정약용, 박제가 등 실학자들의 글에서도 그 이름을 찾아볼 수 있어요.

　『조선왕조실록』에는 "제주 기생 만덕이 재물을 풀어서 굶주리는 백성들의 목숨을 구하였다."라고 쓰여 있지요.

　김만덕이 흉년으로 고통 받는 제주 백성들을 위해 아무런 대가를 바라지 않고 전 재산을 내놓은 일은 당시 사람들에게 큰 놀라움이었어요. 그래서 김만덕은 조선 최초로 임금을 만난 양민 여성이 되었고, 이름 없이 사라졌던 수많은 조선 시대의 여자들과 달리 자신의 이름을 역사에 당당히 새길 수 있었지요.

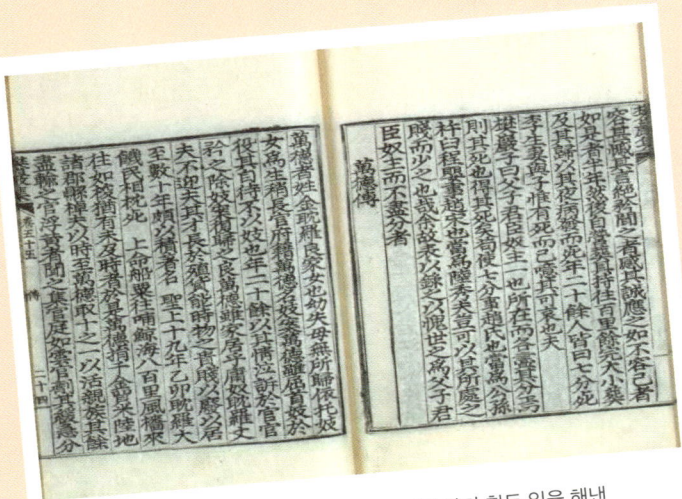

채제공이 지은 「만덕전」은 여자의 몸으로 남자도 하기 힘든 일을 해낸 김만덕에 대한 감탄을 담고 있어요. 정조 임금의 배려로 김만덕이 한양과 금강산을 돌아본 이야기도 소개되어 있지요.

함께 보면 쏙쏙 이해되는 역사

◆ 1739년
제주도에서 태어남.

~1730　　　　　　　　1730

● 1629년
제주 사람들은 허락 없이
육지로 나갈 수 없다는
출륙 금지령이 내려짐.

◆ 1795년
나라에서 보낸 구호 곡식이 풍랑에
휩쓸리자, 전 재산으로 곡식을 사들여
사람들에게 나누어 줌.

◆ 1796년
한양에서 정조를 만남.

◆ 1797년
금강산을 구경함.

1790　　　　　　　　1795

● 1792년
제주에 큰 흉년이 들기
시작함.
이후 사년간 수천 명이
굶어 죽음.

● 1795년
나라에서 제주에
구호 식량을 보냄.

◆ 김만덕의 생애
● 조선 시대 제주도 기근의 역사

◆ 1751년경
제주 관아의 기녀가 됨.

1750

◆ 1760년경
다시 양민이 되어 객주를 차림.

1760

● 1765년
제주 목사 유진하가 대기근을 제때 보고하지 않아 육천여 명이 굶어 죽음.

◆ 1812년
일흔네 살의 나이로 세상을 떠남.

1810

추천사

「새싹 인물전」을 펴내면서

　요즈음 아이들에게 '훌륭한 사람'이 누구냐고 물으면 '돈 많이 버는 사람'이라고 대답한다고 합니다. 초등학생의 태반은 가수나 배우가 되고 싶어 하고요. 돈 많이 버는 사람이나 연예인이라는 직업이 나쁘다는 것이 아니라, 아이들이 각자가 갖고 있는 재능과는 상관없이 모두 똑같은 꿈을 갖는 것 같아 걱정입니다. 또 한편으로는 아이들이 진정 마음으로 닮고 싶은 사람에 대한 정보가 부족한 것은 아닌가 하는 생각도 듭니다.

　어릴수록 위인 이야기의 힘은 큽니다. 아직 어리고 조그마한 아이들은 자신이 보잘것없다고 생각하고 위인들의 성공에 감탄합니다. 하지만 그네들에게는 끝없이 열린 미래가 있습니다. 신화처럼 빛나는 위인들의 모습은 아이들에게 훌륭한 역할 모델이 되고, 그런 삶을 살기 위해 무엇을 어떻게 해야 할지를 알려 주는 밝은 등대가 됩니다.

　그렇다면 우리가 어른으로서 아이들에게 권해야 할 위인전은 무엇일까요? 보통 우리가 생각하는 '위인'은 훌륭한 업적을 남긴

위대한 사람, 멋지고 능력 있는 사람입니다. 하지만 시대가 변했으니 아이들이 역할 모델로 삼을 수 있는 위인의 정의나 기준도 변해야 할 것입니다.

그런 의미에서 비룡소의 「새싹 인물전」은 종래의 위인전과는 다른 점이 많습니다. 시리즈 이름이 '위인전'이 아닌 '인물전'이라는 데 주목하기 바랍니다. 「새싹 인물전」은 하늘에서 빛나는 위인을 옆자리 짝꿍의 위치로 내려놓습니다. 만화 같은 친근한 일러스트는 자칫 생소할 수 있는 옛사람들의 이야기를 일상에서 만날 수 있는 재미있는 사건처럼 보여 줍니다.

또 하나, 「새싹 인물전」에는 위인전에 단골로 등장하는 태몽이나 어린 시절의 비범한 에피소드, 위인 예정설 같은 과장이 없습니다. 사실 이런 이야기들은 현대를 사는 아이들에게는 황당하고 이해하기 힘든 일일 뿐입니다. 그보다는 천 리 길도 한 걸음부터, 큰 성공도 자잘한 일상의 인내와 성실함이 없었다면 이루어질 수 없었다는 것을 알려 주는 것이 중요합니다. 세상 사람들의 우러름을 받는 이들도 여느 아이들과 같은 시절을 겪었음을 보여 줌으로써, 아이들에게 괜한 열등감을 주지 않고 그네들의 모습을 마음속에 담을 수 있도록 해 주는 것입니다.

덧붙여 위인전이란 그 인물이 얼마나 훌륭한 업적을 남겼는가 보여 주는 것도 중요하지만, 얼마나 참된 인간다움을 보였는가를 알려 줄 필요도 있습니다. 여기서 '인간다움'이란 기본적인 선함과 이해심, 남을 위해 봉사할 수 있는 사랑과 배려, 그리고 한 가지 목표를 설정하고 앞으로 나아갈 수 있는 의지와 용기를 말합니다. 성취라는 결과보다는 성취하기 위한 과정을 보여 주고, 사회적인 성공보다는 한 인간으로서 얼마나 자기 자신에게 철저하고 진실했는지를 보여 주는 것이 중요하다는 것입니다.

하지만 아무리 좋은 가르침도 사랑과 따뜻함이 없으면 억누름과 상처가 될 뿐이겠지요. 「새싹 인물전」은 나의 노력과 의지에 따라 얼마든지 의미 있는 삶을 살 수 있음을 알려 줍니다. 내가 알고 있는 삶 외에도 또 다른 삶이 존재할 수 있다는 것, 꿈을 키우고 이루어 가는 과정에서 배우고 경험하게 되는 것들의 가치, 그런 따뜻함을 담고 있는 위인전입니다. 부디 이 책이 삶의 첫발을 내딛는 아이들에게 좋은 길잡이가 되었으면 하는 바람입니다.

기획 위원

박이문(전 연세대 교수, 철학)
장영희(전 서강대 교수, 영문학)
안광복(중동고 철학 교사, 철학 박사)

- 사진 제공
  68~69쪽, 71쪽_ 두산 엔싸이버. 70쪽_ 김만덕 기념사업회. 72쪽_ 한국 민족 문화 대백과. 73쪽_ 한국학 중앙 연구원.

글쓴이 **공지희**

2001년 《서울신문》 신춘문예에 「다락방 친구」가 당선되었다. 2003년 『영모가 사라졌다』로 황금도깨비상을 받았다. 지은 책으로 『착한 발자국』, 『마법의 빨간 립스틱』, 『이 세상에는 공주가 꼭 필요하다』, 『안녕, 키틀랜드』 등이 있다.

그린이 **장차현실**

1997년부터 장애와 여성을 주제로 한 만화를 그렸다. 다운증후군인 딸 은혜와 십육 년 차이 나는 둘째 아이를 키우며, 다양한 작품을 선코이고 있다. 직접 쓰고 그린 책으로 『또리네 집 1, 2』, 『작은 여자 큰 여자 사이에 낀 두 남자』, 『사이시옷』(공저) 등이 있다.

새싹 인물전
025 **김만덕**

1판 1쇄 펴냄 2009년 10월 1일 1판 14쇄 펴냄 2020년 5월 22일
2판 1쇄 펴냄 2021년 5월 28일 2판 3쇄 펴냄 2024년 1월 18일

글쓴이 공지희   그린이 장차현실
펴낸이 박상희   편집장 전지선   편집 이지은   디자인 박연미, 지순진
펴낸곳 **(주)비룡소**   출판등록 1994.3.17. (제16-849호)
주소 06027 서울시 강남구 도산대로1길 62 강남출판문화센터 4층
전화 02)515-2000   팩스 02)515-2007   홈페이지 www.bir.co.kr
제품명 어린이용 각양장 도서   제조자명 **(주)비룡소**   제조국명 대한민국   사용연령 3세 이상

ⓒ 공지희, 장차현실, 2009. Printed in Seoul, Korea

ISBN 978-89-491-2905-1 74990
ISBN 978-89-491-2880-1 (세트)

「새싹 인물전」 시리즈

- 001 **최무선** 김종렬 글 이경석 그림
- 002 **안네 프랑크** 해리엇 캐스터 글 헬레나 오웬 그림
- 003 **나운규** 남찬숙 글 유승하 그림
- 004 **마리 퀴리** 캐런 월리스 글 닉 워드 그림
- 005 **유일한** 임사라 글 김홍모·임소희 그림
- 006 **윈스턴 처칠** 해리엇 캐스터 글 린 윌리 그림
- 007 **김홍도** 유타루 글 김홍모 그림
- 008 **토머스 에디슨** 캐런 월리스 글 피터 켄트 그림
- 009 **강감찬** 한정기 글 이홍기 그림
- 010 **마하트마 간디** 에마 피시엘 글 리처드 모건 그림
- 011 **세종 대왕** 김선희 글 한지선 그림
- 012 **클레오파트라** 해리엇 캐스터 글 리처드 모건 그림
- 013 **김구** 김종렬 글 이경석 그림
- 014 **헨리 포드** 피터 켄트 글·그림
- 015 **장보고** 이옥수 글 원혜진 그림
- 016 **모차르트** 해리엇 캐스터 글 피터 켄트 그림
- 017 **선덕 여왕** 남찬숙 글 한지선 그림
- 018 **헬렌 켈러** 해리엇 캐스터 글 닉 워드 그림
- 019 **김정호** 김선희 글 서영아 그림
- 020 **로버트 스콧** 에마 피시엘 글 데이브 맥타가트 그림
- 021 **방정환** 유타루 글 이경석 그림
- 022 **나이팅게일** 에마 피시엘 글 피터 켄트 그림
- 023 **신사임당** 이옥수 글 변영미 그림
- 024 **안데르센** 에마 피시엘 글 닉 워드 그림
- 025 **김만덕** 공지희 글 장차현실 그림
- 026 **셰익스피어** 에마 피시엘 글 마틴 렘프리 그림
- 027 **안중근** 남찬숙 글 곽성화 그림
- 028 **카이사르** 에마 피시엘 글 레슬리 뷔시커 그림
- 029 **백남준** 공지희 글 김수박 그림
- 030 **파스퇴르** 캐런 월리스 글 레슬리 뷔시커 그림
- 031 **유관순** 유은실 글 곽성화 그림
- 032 **알렉산더 벨** 에마 피시엘 글 레슬리 뷔시커 그림
- 033 **윤봉길** 김선희 글 김홍모·임소희 그림
- 034 **루이 브라유** 테사 포터 글 헬레나 오웬 그림
- 035 **정약용** 김은미 글 홍선주 그림
- 036 **제임스 와트** 니컬라 백스터 글 마틴 렘프리 그림
- 037 **장영실** 유타루 글 이경석 그림
- 038 **마틴 루서 킹** 베르나 윌킨스 글 린 윌리 그림
- 039 **허준** 유타루 글 이홍기 그림
- 040 **라이트 형제** 김종렬 글 안희건 그림
- 041 **박에스더** 이은정 글 곽성화 그림
- 042 **주몽** 김종렬 글 김홍모 그림
- 043 **광개토 대왕** 김종렬 글 탁영호 그림
- 044 **박지원** 김종광 글 백보현 그림
- 045 **허난설헌** 김은미 글 유승하 그림
- 046 **링컨** 이명랑 글 오승민 그림
- 047 **정주영** 남경완 글 임소희 그림
- 048 **이호왕** 이영서 글 김홍모 그림
- 049 **어밀리아 에어하트** 조경숙 글 원혜진 그림
- 050 **최은희** 김혜연 글 한지선 그림
- 051 **주시경** 이은정 글 김혜리 그림
- 052 **이태영** 공지희 글 민은정 그림
- 053 **이순신** 김종렬 글 백보현 그림
- 054 **오드리 헵번** 이은정 글 정진희 그림
- 055 **제인 구달** 유은실 글 서영아 그림
- 056 **가브리엘 샤넬** 김선희 글 민은정 그림
- 057 **장 앙리 파브르** 유타루 글 하민석 그림
- 058 **정조 대왕** 김종렬 글 민은정 그림
- 059 **나폴레옹 보나파르트** 남찬숙 글 남궁선하 그림
- 060 **이종욱** 이은정 글 우지현 그림

| 061 | **박완서** 유은실 글 이윤희 그림
| 062 | **장기려** 유타루 글 정문주 그림
| 063 | **김대건** 전현정 글 홍선주 그림
| 064 | **권기옥** 강정연 글 오영은 그림
| 065 | **왕가리 마타이** 남찬숙 글 윤정미 그림
| 066 | **전형필** 김혜연 글 한지선 그림
| 066 | **이중섭** 김유 글 김홍모 그림
| 066 | **그레이스 호퍼** 박주혜 글 이해정 그림

＊ 계속 출간됩니다.